11 美德新干线

没人捡的黄金

叶雅琪◎文
老土猫◎图

西苑出版社
XIYUAN PUBLISHING HOUSE
北京

出版说明

让孩子生命的沃土
撒下更多善良的种子

让孩子阅读轻松有趣的故事，进而在故事中获得教养、陶冶美好的德性，一直是我们出版的目标。也因此，去年我们特地出版了多达十六册的《美德易拉罐》书系。透过十六个精彩的校园故事，引领孩子接受美德高贵的洗礼。书系出版之后，由于故事情节感人，绘图活泼生动，不仅获得“好书大家读”推荐，也受到广大师生的广泛好评。

为了使美德的种子更全面在校园萌芽、扎根，继《美德易拉罐》之后，我们又推出《美德新干线》桥梁书。书系中共为孩子带来十二个全新的故事，包括有恒心、勇敢、公平、坚持、睦邻、奉献、知耻、守法等品德。这些故事文字都富有启发性，能给孩子正确的价值观念，培养他们积极乐观的人生态度。我们冀望读过《美德易拉罐》的校园师生，也能怀着“如见好友”的心情，接受这些新增美德的滋润，让它们成为撞开生命暗夜的耀眼曙光，或点亮漫漫人生不可或缺的薪火。

从阅读中培养美德，借美德丰富心灵，是所有文字工作者衷心的期盼。《美德新干线》的每一篇故事，其实也都寄托着作者和我们出版人最诚挚的祝福和殷切的希望。期待借由大家不断的耕耘、努力，让孩子在人生旅途中，永远葆有和谐与美善的心灵，而社会也能因此创造更多美好温馨的画面；更期待《美德易拉罐》与《美德新干线》的双料结合，能够打造孩子“百分百”积极奋发、高贵而优雅的情操，让美好的品德，能在生命中的每一时刻，绽放出绚丽耀眼的光芒！

序　整洁从你我做起

有一天，我正准备出门，发现家门前多了一坨狗便，我不禁眉头紧皱，心想，哪家的狗，那么没公德心，随便在别人家门口“上厕所”？真是过分！我一边念念有词，一边从家里拿出工具，快速地清理掉污秽。接下来的几天，除了自家门口外，邻居的门前及社区的街道上，也被当成临时厕所，几乎每隔一小段路，就可以看到恶心的狗便，因此有人戏称，我们这条街跟台北一样，是属于“黄金”地段。

之后，有社区居民向里长反映实情，希望里长能协助解决。两三天后，街道上多了一些警示标语，并利用广播的方式，宣传爱犬不可随地大小便的观念，或是爱犬如厕后，主人要记得清理善后，甚至还

请社区的环保义工帮忙清扫环境。终于，在大家的努力下，社区街道恢复了整洁的原貌。

最近，这种帮别人“清理善后”的感觉又来了，不过，这次不是打扫社区的环境，而是维护校园的清洁。因为我任教的班级，需要负责打扫一部分的校园，可是明明前一天才扫干净，隔天，又是满地的垃圾，令人头痛不已。向学校反映后，效果仍旧不明显，探究原因，才发现许多垃圾是非上课时间，由校外人士制造的，因此校方很难有效约束。

这件事让我想起多年前，本校有一个学生的祖父，看到学生打扫的辛苦，每天一大早就到学校，帮忙清理校园。有时候忙了一个上午，仍然不喊累，默默为学校付出。因此那几年，校园干净美丽，一如公园，那位老人家居功甚伟。

其实，环境的整洁，并不是靠一个人或少数人就可以维护得很好，必须团结大家的力量，才能有丰硕的成果。这本《没人捡的黄金》的故事，主要是希望小朋友都能学习爱护环境，只要大家都有心，所有的人都可以成为环保小尖兵。

目录

讨厌鬼

打开房门，妈妈以高八度的声音叫喊："筱如！你不是说今天开始，要跟同学一起走路上学！动作快一点！"

一听到妈妈的声音，我整个人弹坐起来。糟了！我怎么忘了与好姐妹——林文琪

的约定呢?

那天，林文琪提议，既然我们住得那么近，干脆一起走路上下学。我听了很心动，征求妈妈的同意后，决定从今天起，开始我们的“两人行”。没想到，我竟然睡过头了!

一切准备就绪后，我背起书包、穿上鞋子，二话不说地往门外冲。

妈妈的提醒在身后响起：“筱如，注意安全啊!”

我随口回了一声，继续向约定的集合地点跑去。突然，脚下一滑，眼看要跌倒的我，眼明手快地扶住旁边的电线杆，才免于扑倒在地的命运。

拍拍胸口，我嘴里直喊："好险！"

不过，一想到与林文琪的约定，我顾不得刚刚的"惊吓"是如何发生的，继续迈开大步向前跑。

到了约定的地点，林文琪不但不怪我睡过头，还拍拍我的背，说："没关系！时间还来得及！"

走了一段路后，林文琪突然皱着眉头，问："你有没有闻到怪怪的味道？"

我闻了闻，露出厌恶的表情，说："这是什么味道啊？好臭呵！"

我和林文琪东闻闻、西找找，却找不到臭味是从哪里来的。

忽然，身后传来一个声音："你们在做什么啊？"

我和林文琪吓得大叫一声，一起张大眼

睛望向他——陶彦纬。

“你叫那么大声做什么？”

“你想吓死人啊！”

陶彦纬得意地笑着，说：“谁叫你们走路不专心！”

我和林文琪瞪了陶彦纬一眼，“哼”了一声，正要往前走，陶彦纬叫住我们，说：“你们有没有闻到一股恶心的味道？”

我们都惊讶地看着陶彦纬，说：“你也闻到了吗？”

只见陶彦纬左闻闻、右闻闻，一会儿，忽然指着我的鞋子，说：“好像是你鞋子的味道！”

我气急败坏地说：“怎么可能！我的鞋子昨天才洗干净的！”

陶彦纬怀疑地靠近我的鞋子，闻了一下，赶紧捂住鼻子，说：“不信，你自己闻闻看！”

为了证明鞋子是“清白”的，我不雅地抬起了脚，靠近它，深深地吸了一口气。顿时，一股难闻的臭味扑向鼻孔。

我不敢置信地说：“昨天明明才……”

林文琪大叫：“筱如！你的鞋底好像沾到什么东西了！”

我翻过鞋底一看，一坨黄澄澄的东西，紧紧地黏在鞋底。

“陈筱如，你踩到狗大便了！哈……”陶彦纬不禁拍手大笑。

顿时，我的脸像翻倒的番茄汁一样红。林文琪拍拍我的肩，说：“没关系！等一下到学校，我再帮你把鞋底清干净！”

这时候，班上另一个男同学刚好经过，好奇地靠过来，问：“你们在做什么啊？……怎么有股异味？”

陶彦纬边笑边告诉那位同学他的“发现”，我生气地瞪着陶彦纬，抬起沾有狗大便的脚，说：“你再笑，我就把我的‘幸运’分给你！”

陶彦纬吓得退后两步，扮了鬼脸，便往学校跑去。

可恶的陶彦纬，真是叫人想狠狠揍他一拳的讨厌鬼！

狗屎运

拜陶彦纬所赐，我踩到“黄金”的事情，在他的“大力宣传”之下，已是人尽皆知。

虽然我想尽办法把鞋子弄干净，却仍然抹不去那股“独特”的异味。一整天下来，我就像瘟疫一般，人人避而远之，就连林文琪跟我说话，也忍不住捂着鼻子，让我十分沮丧。

在交叉路口跟林文琪说再见后，我低着头走回家。经过那根电线杆旁边，我看到地上有一坨被踩过、干掉的狗大便，想起早上差点滑倒的情景，顿时，我明白鞋底的污秽是从何而来。

我不禁破口大骂："哪只狗那么不卫生，竟然随地大小便？就不要被我发现，不然……"

我一边自言自语，一边走向家门口。为了不让屋子有"异味"，我暂时把鞋子放在门外。

妈妈看到我闷闷不乐地躺在沙发上，关心地问："发生了什么事？为什么一副苦瓜脸的样子？"

我把今天一连串的不愉快，委屈地说给妈妈听。本来以为妈妈会安慰我，没想到妈妈却雪上加霜地说："如果你早点起床，说不定就不会发生这些事了，只能怪你自己！"

听到妈妈的责难，想到今天受到的"特殊待遇"，我低下头，嘴一抿，眼泪差点掉下来。

忽然，妈妈的声音停止了。过了一会儿，她拍拍我的肩膀，开玩笑地说："有人想要'狗屎运'还求不到呢！"

求不到？难道有人喜欢这种恶心的东

西？

妈妈解释，“狗屎运”代表一个人好运降临的意思，要我别太难过，“塞翁失马，焉知非福”！

当晚，爸爸心血来潮，带全家去逛夜市。在玩飞镖时，不知道是否真的有“狗屎运”，我竟然全部射中，得到梦寐以求的奖品，让我不禁想起妈妈说过的话。

隔天，我起了个大早，不想重蹈昨天的覆辙。虽然“狗屎运”可能带来幸运，但是还是靠自己比较实在。

走出家门，我不自觉地哼着歌，这种从

容不迫的感觉真好。一个转弯，我惊叫出声，因为一只大黑狗正蹲在墙角边，不知道在做什么。

大黑狗没有因为我的惊叫而吓走，反而继续蹲在地上，眼睛直直看着我，我害怕得一动也不敢动。僵持了一会儿，我担心上学迟到，于是硬着头皮，一步步往旁边移动。

忽然，我停下了脚步，不可思议地瞪大眼睛，终于知道大黑狗为何蹲着不动了——它正在排放“废弃物”。

大黑狗一“解放”完毕，便站起来，看了我一眼，往相反方向跑去。

原本还处在惊吓中的我，想到害我出糗的凶手可能是它，满肚子的怒火瞬间燃烧起来，也不管刚刚有多害怕，拔腿就追了过去。

可惜两条腿终究抵不过四条腿，才追了一小段，就找不到大黑狗的踪影。

可恶！竟然让它跑了！看它干干净净的，毛还黑得发亮，应该是有主人才对，如果让我知道它是哪家的狗，我一定要告它一状。

走回原来的路，看到刚刚那只黑狗制造出来的“产品”，我一边绕过它，一边想，看来又有人要走“狗屎运”了……

“地雷”不见了

最近，每天早上出门或放学回家，都得小心翼翼地走路，一会儿往左闪，一会儿往右跳，担心会误踩到恐怖的“地雷”。

早上，好不容易通过“地雷区”，松了一口气，赶紧加快脚步，与林文琪会合。

途中，我忍不住向林文琪抱怨：“最近我每天上下学，都像打仗一样，累死了！”

林文琪不解地问：“为什么？莫非你做了什么亏心事，怕你妈妈发现？”

我摇摇头，说：“才不呢！是我家附近的街道，最近常有狗大便出现，我怕像上次一样，不小心踩到了，弄得臭气冲天，还被陶彦纬取笑，所以只好一面走，一面盯着地面，躲避‘地雷’，害我的脖子差点僵硬了！”

“难道都没人去清理吗？”林文琪疑惑地问。

我大声地说，“谁要去清理那种恶心的

东西！而且，这应该是狗主人该做的事，为什么我们要帮他处理！”

“如果那只狗是流浪狗呢？”

听了林文琪的话，一时之间，我不知该如何回答，只好随口说：“反正我家又没养狗，要清理也和我无关！”

放学后，我经过“地雷区”时，惊讶地发现——狗大便不见了，只在地上留下淡淡的痕迹。看着干净的街道，我难以想象，为什么不到一天的时间，竟有如此大的改变！

远远的电线杆下，有一位老爷爷正蹲在地上，身旁放着水桶、铁夹、报纸，不知道在做什么。我好奇地走过去，只见老爷爷拿着刷子，往地上一刷再刷，刷过后，不时传来淡淡的臭味。

我捂着鼻子，问他：“老爷爷，你在刷什么，味道有点臭！”

老爷爷抬起头来，露出笑容，说：“我在清理狗大便！”

清理狗大便？难怪那么臭！我低头看了那干净的地面，说：“老爷爷，这些狗大便，都是你洗干净的吗？”

老爷爷一边点点头，一边仍然不停地忙着手边的工作。

我本能地以为，老爷爷是在为自己家的狗清理善后，不免有些抱怨说："原来这些狗大便是老爷爷家爱犬的'杰作'！害我上

次成了‘受灾户’！”

老爷爷愣了一下，说：“我家没养狗！”

没养狗？那老爷爷为什么要清除这些“黄金”呢？我心中半信半疑地问：“既然你家没养狗，为什么要清除这些狗大便呢？你不觉得恶心吗？”

老爷爷停下手上的动作，慈祥地说：“没有人喜欢做这些事情。可是，如果你每天出门，就闻到刺鼻的臭味，看到地面脏乱，还有飞过来、飞过去的苍蝇，你会舒服吗？”

我摇摇头，说：“一点都不舒服！这几天上学放学，经过这里，我都好想绕路走！

可是又担心到学校迟到了……”

“所以，我才想把这里清理干净啊！虽然味道不好闻，也得花一些时间，但是看到

环境变得干干净净，大家走在路上都很快乐，这点牺牲又有什么关系。”

听完老爷爷的解释，想起早上和林文琪说过的话，我不禁有些惭愧……

不好的预感

晚上，坐在书桌前，想着老爷爷说的话。

如果换成是我，一定无法消除对狗大便的讨厌，也不可能像老爷爷有那样伟大的情怀，愿意帮助别人“料理善后”。我一定会在心里骂那些狗主人，为什么不管好自己的爱犬，让它们在外面随便“撒野”。因此，对老爷爷无怨无悔的付出，我既钦佩又感谢。

第二天上学，看见街道干干净净的，我觉得好舒服，因为我不用再闪躲那些讨厌的“地雷”了。

我踏着轻快的脚步，朝林文琪招招手。林文琪看到我，也一改平日的苦瓜脸，好奇

地问："什么事那么高兴？"

我把老爷爷的事告诉林文琪。林文琪不禁竖起大拇指，称赞老爷爷真是个大好人，肯为社区服务。

我也对她的意见表示赞同，说："我真的很佩服老爷爷，竟然不怕麻烦，连狗的大

便也愿意去清理，如果是我，早就跑得远远的！”

由于一大早心情特别好，整天上起课来，也格外有精神。

放学回到家，妈妈看我前几天的阴霾都不见了，就问我：“今天什么事让你不再垂头丧气？”

我笑了笑，说：“我不用再担心会踩到‘黄金’了！”

妈妈听了，露出不明就里的表情。我只好向她解释，由于老爷爷的善心，所以街道变得干干净净了。

妈妈听了，不好意思地笑了笑，说："我平时赶着上班，回到家又忙着煮饭、做家事，根本没注意到社区环境的整洁。真应该好好谢谢这位老爷爷！"

说到谢谢，那天遇到老爷爷时，我好像忘了跟他道谢，不过，他好像不住在这条街上。妈妈说，她会问附近的邻居，看看有没有人认识他。

最近，附近的街道已经很难得看到"黄金"了，连地上的落叶、垃圾，也变得很少很少了，这都是老爷爷努力的成果吧！

一天清晨，天色还昏昏暗暗的，当时，

我正在梦境中载沉载浮，一阵刺耳的刹车声，划破了街道的宁静。我似乎醒了过来，左右张望了一下，又竖起耳朵仔细听，却听不到任何声响。

“奇怪！难道是在做梦吗？”我自言自语。

看了一下闹钟，才六点多，我打了一个哈欠，又沉沉睡去。

不知过了多久，窗外街道上，人声越来越吵杂，吵得我心里很不高兴，拼命捂住耳朵，说："没事聊什么天啊！真是的！"

被这么一吵，在床上翻来覆去的我，怎么也睡不着，很不甘心那么早就放弃温暖的被窝，只好看着天花板发呆。

又过了一会儿，救护车的声音由远而近传来，似乎停在附近了，我心里想：难道之前那刺耳的声音发生在附近？

为了一探究竟，我赶紧起床，穿好衣服后，就往楼下跑。刚到楼下，妈妈正好提着早餐，从门口走进来。

我好奇地问："妈，外面发生什么事？"

妈妈皱了一下眉头，说："刚刚天还没亮，有辆摩托在转弯的地方，撞到一位老先生……"

老先生？突然，我有种不好的预感——不会是那位好心的老爷爷吧？

独居老人

妈妈又出门了！

听到有位老先生被车子撞倒的消息，我便拜托妈妈去打听一下，被撞的那位老先生是不是我心里所挂念的那位老爷爷。

我一边吃着早餐，一边往门外望去，心里不断祈求，希望自己的臆测是错误的。

用过早餐，犹豫着该不该去上学时，妈妈回来了。看着她默不吭声的样子，我的心里有些不安，不会被我的“童言无忌”猜对了吧？

妈妈若有所思地看着我，说：“那位被撞倒的老先生，就是你说的好心老爷爷！”

听到这个消息，恍如朗朗晴天响起一声巨大雷鸣，不知该说什么才好。

妈妈接着说："老爷爷就住在离这里两条街外的公寓，每天都会早起运动。他看

到地上脏乱，就会帮忙打扫。今天，他就是看到地上有一坨狗大便，正在设法清理时，被摩托车撞倒的！”

可恶的摩托车！眼睛不会睁大一点！那么大的一个人也看不到！

我心急地问："老爷爷的伤势严重不严重？"

妈妈耸耸肩，说："我也不清楚！"

当我想继续问妈妈有关的事情时，她突然"啊"的一声，说："好了！不要再讲了！你赶快上学去！我上班快迟到了！"

说完，妈妈就往楼上跑。我只好迈着沉重的步伐，难过地走出家门。

远处，有两位警察先生身旁围着几个婆婆，不知道她们正在讨论什么。经过事故地点，看着墙角那熟悉的水桶、报纸……往日情景又再次浮现，顿时，鼻子一酸，眼泪在眼眶里打转。

我一边走，一边在心里默祷，“老天爷啊！你可要保佑老爷爷平安无事！他平时都在帮助大家打扫环境，这样的好心，应该有好报吧！”

当我红着眼睛见到林文琪时，她紧张地问：“发生了什么事？”

我哭丧着脸，把早上不幸的消息告诉她。林文琪一面拍拍我的肩膀，一面安慰我，说：“别难过了！我相信老爷爷一定没事的！”

下午一回到家，我立刻跑到厨房找妈妈，问：“那位老爷爷没事吧？”

妈妈边煮晚饭，边回答：“我刚刚听邻居说，老爷爷的右手有轻微骨折，腿部严重

擦伤，其他就没有什么大碍，现在已经回家休息了！”

听到老爷爷伤势不严重，我松了一口气，心中的大石头也落了地。这时候，我闻到锅

里飘出浓浓的香味，不禁好奇地问：“妈，你在煮什么东西，怎么那么香？”

妈妈笑了笑，说：“这是新鲜的鲈鱼汤，要给老爷爷喝的！听说鲈鱼对伤口愈合很有帮助！”

看着妈妈把姜丝放进鱼汤里，我忍不住吞下一口口水，嘴馋地望着那锅鱼汤，问：“你为什么要煮鱼汤给老爷爷喝？”

妈妈说，因为老爷爷早年丧偶，没有小孩，单身一个人住。刚刚和左邻右舍讨论过了，他现在受了伤，行动不方便，大家决定轮流帮他准备三餐，顺便谢谢他为社区所做的服务。

妈妈说完，我立刻拿起一旁的保温锅，说：“我也来帮忙！等一下跟你一起送去给老爷爷！”

我一边舀着鱼汤，心里不断祈求，老爷爷请快点好起来！

环保小尖兵

走进老爷爷的家，看见房子被打扫得干干净净，想想自己那有如狗窝般的房间，不由得感到十分惭愧。

客厅里，除了老爷爷之外，还有几位叔

叔、阿姨，连里长伯伯也来慰问他。老爷爷看见我们送来的晚餐，不停地向我们道谢。妈妈也利用这个机会，感谢老爷爷平日的付出。老爷爷不好意思地说："举手之劳，不必放在心上！更何况环境的整洁，我本来就该尽一份心力！"

接下来的几天，除了轮流准备三餐，我和妈妈也拿了一些水果给老爷爷吃。看着老爷爷身体慢慢好起来，我们都非常高兴。

早上，上学途中，听见有人"啊！"的大叫一声，回头一看，发现不远处有位阿姨，一边对着地上喃喃自语，一边拿出卫生纸，往鞋底擦了又擦，一副十分懊恼、厌恶的表情。

看到这画面，我有种似曾相识的感觉——那位阿姨踩到“黄金”了。看看地面，不知从什么时候开始，又有些脏乱了，这让我不禁怀念起老爷爷来了。

下课时，我趴在桌上唉声叹气。林文琪关心地问：“你遇到什么困难了？说出来，我可以帮你！”

我把早上看到的情形告诉林文琪，然后埋怨说：“为什么有些人就是不懂爱护环境？非得把环境弄得那么脏乱不可？”

在一旁与同学聊天的陶彦纬，突然凑了过来，不以为然地说："难不成就你懂得爱护环境？"

我狠狠地瞪了那爱唱反调的讨厌鬼，说：“我既不乱丢垃圾，也没有养小狗，不用担心狗会随地大小便，我这样还不算爱护环境吗？”

陶彦纬摇摇头，说：“老师不是说过，

除了做好自己的分内工作外，还要帮助他人，这才叫爱护环境！”

陶彦纬这番话，让我一时语塞，说不出话来，因为我的确没有在爱护环境方面，有更积极的表现。

周末早晨，我主动说要帮全家买早餐。走在路上，我发现，过去的脏乱又回来了。这时候，我突然想起老爷爷的辛劳，想起他在街上清理狗大便的情景。

吃早餐时，我一再想起陶彦纬说的话。突然，我眼睛一亮，心中有了决定。

“妈，家里的口罩放在哪里呀？”

“水桶和刷子呢？”

“我把旧报纸和洗衣粉拿走喽！”

一切准备好后，我带着这些工具往门外走。不远处，有一坨狗大便，我停下了脚步，望着它，深深吸了一口气，开始蹲下来照着老爷爷的方法，进行清理。

刚开始刷洗时，难闻的臭味不断袭击我，虽然戴了口罩，但是效果有限，我只好一边用嘴巴呼吸，一边加快动作。

当我看到路面焕然一新时，我终于尝到经过辛苦耕耘获得的喜悦，也终于理解了老爷爷为何要辛苦付出了。

不远处传来妈妈的呼唤声，我朝着她挥挥手，兴奋地把自己的“努力”告诉她。妈妈摸摸我的头，对我的表现表示高度肯定，并且发出全家动员令，要大家都到街上去，不到半个小时，街道就变得干净了。

我心里想，星期一上课时，我一定要大声地告诉陶彦纬——我是个爱护环境的小尖兵！

加入服务队

上学途中，我详细告诉林文琪，上个周末，我所完成的“大事”。林文琪难以置信地看着我，说：“怎么可能！你上次不是说，清理狗大便是狗主人的事，你不要帮忙吗？”

我尴尬地笑了笑，说：“本来是这样想的，但是你上次也说过，如果是流浪狗的杰作，就没有狗主人负责了；而且，我看到老爷爷虽然受了伤，对社区整洁依然十分关心，让我觉得，自己也该尽一份心力！”

林文琪点点头，佩服地说：“你真厉害！如果是我，早被臭气熏得头昏脑胀了！”

林文琪的话让我的脸热热的，有点不好意思。

放学回到家，耳边传来社区的广播——“各位乡亲大家好，为了维护社区环境的整洁，请居民遛狗时，一定要注意……”

听完广播，我跑去告诉妈妈："妈，你听到没？刚才里长在广播里要大家不要让爱犬随地大小便！"

妈妈边叠衣服，边笑着说："我听到了！这个方法还是我提议的呢！"

妈妈提议的？我怎么不知道！

妈妈说，自从老爷爷受伤后，大家常聚在一起，讨论要如何维护社区整洁，妈妈建议里长可以通过广播，提醒住户注意。

妈妈真是太聪明了！我带着敬意看着她。心里想，明天，我一定要把这件事告诉林文琪！

接下来的几天，仍然不断地听到里长广播呼吁，另外，社区路边，也多了一些告示牌，上面写着："遛狗请系狗链，随手清理狗便。"希望狗主人能注意约束自己的爱犬，不要让它造成大家的困扰。妈妈说，这个主意是老

爷爷想出来的。

晚饭时，电话铃声响起，妈妈接通后，带有笑意跟对方说：“这个活动很好，我们全家一定都去参加。谢谢你！真是辛苦你了！”

妈妈讲完电话，我好奇地问：“谁要办活动啊？什么时候？我们也要一起去玩吗？”

妈妈翻了一下白眼，说：“整天就只知道玩！”

我微微笑了一笑，不死心地问：“妈，你赶快说，是不是要出去玩？”

妈妈回答：“不是啦！刚才是里长打来的电话，他说已经争取到一笔经费，要帮社区成立‘环保服务队’，利用假日，来加强维护社区的整洁！”

一听到不是要去玩，我的心里不免有些失落。

妈妈看到我的表情，说："参加服务队，不但可以领到一件特制的衣服，每半年，还可以参加一次旅游活动！"

妈妈才说完，我兴奋地大叫："我要参加！我要参加！"

妈妈受不了地摇摇头，说："只要有好玩的，你一定抢第一！"

我极力争辩："哪有？我是想要帮社区尽一点力，旅游只是顺便而已！"

看着妈妈一脸不相信的表情，我嘟着嘴，望向爸爸，只见爸爸露出微笑，不发表任何意见，我只好自讨没趣地继续吃饭。

讨厌！我是真心想帮社区尽一己之力，不然，上次我为什么要去清理那些恶心的狗大便；不过，嘿嘿……我不否认，妈妈刚才说的"福利"，也是让我心动的原因。

清扫日

下课时，我跑去找林文琪，说："早上到校时，我忘了告诉你，我加入社区的环保服务队了！"

林文琪歪着头，想了一下，说："环保服务队？要做什么事啊？"

"帮社区打扫环境，福利不错噢！"

"福利？打扫环境不是很辛苦，怎么会有福利呢？"

"参加服务队的人都可以得到一件外套，每半年还有一次旅游！"

林文琪大喊："哇！真好！我也要加入！"

"可以啊！只要是我们这里的居民都可以参加！"

这时候，讨厌鬼又来插一脚，说："参加什么啊？我也要去！"

我回头瞪了陶彦纬一眼，说："你没事偷听人家说话，过分！"

陶彦纬不甘示弱地说："你的嗓门那么大，我又不是聋子，听不见才怪！"

眼见一场争吵即将爆发，林文琪赶紧说："你们不要吵了！如果被老师知道你们吵架，肯定被骂的！"

算了！好女不跟恶男斗！哼！陶彦纬似乎也怕被骂，只好闭上嘴。他偏过头，问林文琪："你们刚才说要参加什么？是出去玩吗？"

林文琪说："不是啦！我们是要加入社区的环保服务队！"

陶彦纬一脸失望，说:“原来只是去服务，我以为可以去玩呢！”

我看看陶彦纬，忍不住嘲讽地说：“谁

像你，一天到晚只知道玩，我们是去做有意义的事！”

陶彦纬胀红了脸，说了一句“有什么了不起”，便转身离开。

几个礼拜后，第一次的社区清扫日到了。我起了一个大早，穿上服务队帅气的衣服，全家一起到指定的地点集合。

当我到达目的地时，看到一大群的人，每个人都穿着一样的衣服，轻松地聊天。我惊讶地叫着：“哇！好多人！好像要去郊游！”

这时候，有人喊了一声“陈筱如”，我偏过头去，发现林文琪正向着我跑过来。

我问她："文琪，你什么时候到的？"

"已经来了十多分钟了！"

"这么早啊！"

"对啊！昨天我还兴奋得睡不着觉呢！"

正当我和文琪聊得起劲时，突然有人叫“陈筱如、林文琪！”，我们同时转过头去，看见陶彦纬一边跑向我们，一边向我们招手。

林文琪向陶彦纬打了一声招呼，我则是冷嘲热讽地说：“你来做什么？不知道谁说加入服务队有什么了不起！”

这时，林文琪推了推我，并使了一下眼色，暗示我不要一看到陶彦纬，就像看到仇人一般。

陶彦纬不以为然地笑了笑，说：“我爸爸说，为社区尽一份心力是每个人的责任，而且还可以参加旅游，这么好的事情我怎么能错过？”

陶彦纬说话时，前头突然传来了欢呼声及掌声，我好奇地伸长脖子，想看清楚发生什么事，可惜我太矮了，什么也看不到。我

转头问爸爸，到底有什么事。爸爸踮起脚尖，左右晃了一下，眼睛突然一亮，说：“是那位热心的老爷爷，跟里长一起来了！”

我高兴地拉着林文琪，往前面挤过去，想让她看看常挂在我嘴边的老爷爷是谁。当

我们“排除万难”，挤到最前面时，老爷爷正好看到我，立刻露出和蔼的笑容。我向老爷爷打过招呼，并关心地说：“老爷爷，你的伤都好了吗？”

老爷爷摸摸我的头，说：“谢谢你，全都好了！”

看着老爷爷和居民们有说有笑聊着天，且不时发出爽朗的笑声，我真的好开心。对我来说，老爷爷就像是环保服务队的精神领袖，有了他，让我觉得更有动力去维护社区的整洁。

后来，里长把大家集合起来，简单说了

几句感谢的话，并发下工作分配表。这时候，老爷爷站在前面，拿起麦克风说：“前一阵子，我受了伤，非常感谢大家的照顾。今天我准备了一些饮料，希望大家不要嫌弃！”

他说完话，大家都给他热烈的掌声。然后，所有的人都拿起工具，开始打扫。正准备“大显身手”时，我发现陶彦纬竟跟我们家被分在同一组，心情大受影响。

“啊！有‘黄金’！”陶彦纬捏着鼻子，一副受不了的样子。

我走过去告诉他：“没什么！我来清！”

我三两下就把狗大便清理干净。这时候，

只见陶彦纬一副不可思议的表情，让我更感到骄傲。

街道在很短时间变得干净了，每个人的脸上，也都露出了愉快的笑容……

一、上学途中，发生了什么事，让陈筱如感到尴尬不知所措？

二、陈筱如为什么很惊讶地看着大黑狗？如果是你，你会怎么处理大黑狗的“杰作”？

三、老爷爷蹲在地上做什么？如果是你，你也会向他学习吗？

四、老爷爷为什么受伤？大家怎么照顾他？

我的提问

五、为什么陶彦纬认为陈筱如不是真正懂得爱护环境？

六、那个周末，陈筱如看到街道脏乱，有了什么决定？

七、老爷爷受伤这件事，对社区有什么影响？

八、你家附近的街道干净吗？你认为要如何才能维护环境的整洁？

故事大连结

下列是《没人捡的黄金》故事的情节段落，但是它们的顺序都错乱了。请根据你读完的印象，把它们做个正确的排序。

1. 陈筱如看到一只大黑狗正在“上厕所”，不可思议地瞪大眼睛。

2. 周末时，陈筱如主动去清扫狗大便。

3. 一位老爷爷蹲在地上，清理狗大便。

4. 陈筱如因为踩到狗大便，被陶彦纬嘲笑。

5. 陈筱如全家一起加入社区环保服务队。

6. 老爷爷因为清理环境出了车祸，左邻右舍都来照顾他。

我的正确排序：(　)(　)(　)(　)(　)(　)

自我对照

下面是一张对照表，请你根据日常生活的表现，仔细勾选，做一次自我对照。“已经做到”的，请你保持下去；“尚未做到”的，请你多多加油！

具体行为	已经做到	偶尔做到	尚未做到
一、我不会随手乱丢垃圾纸屑。			
二、我会将垃圾分类，做好资源回收。			
三、在学校，我会认真打扫校园、教室。			
四、我会爱护花草树木，不会任意破坏它们。			
五、我会帮忙维护社区的整洁。			

创意伸展台

走出家门，我快乐地哼着歌，这种从容不迫的感觉真好。一个转弯，我不觉惊叫起来，因为一只大黑狗正蹲在墙角边，不知道在做什么。

大黑狗没有因为我的惊叫而跑走，仍然继续蹲在地上，眼睛直直地看着我……

你觉得接下来的故事会怎么发展？

大黑狗没有因为我的惊叫而跑走，反而继续蹲在地上，眼睛直直地看着我。我好奇地左瞧瞧、右瞧瞧，想知道大黑狗到底在做什么。

突然，我看到大黑狗屁股下多了一些东西，顿时明白它在做什么，这让我不禁想起昨天踩到狗大便的丑态，心中怒火不由得熊熊燃起，我气呼呼地朝大黑狗走过去，准备……

记忆之门

回想一下，你曾经为了维护社区或学校的环境整洁，做过什么工作？心情如何？（如果没做过这类的事，可以写同学或好朋友的经验）

维护哪里的整洁	
做了什么事	
工作后的感想	

成语百宝盒

下面有三个成语，请你仔细读一读。读完之后，还要懂得运用噢!

垂头丧气

解释：指十分失望沮丧的样子。

范例：当我们遇到困难时，一定要积极面对，不可以因为一时挫折，就垂头丧气。

气急败坏

解释：形容非常生气。

范例：看他气急败坏的样子，想必事情非常严重。

从容不迫

解释：比喻情绪镇定不慌乱。

范例：遇到紧急状况时，要从容不迫，才可以使事情顺利解决。

与书中人物对话

读完《没人捡的黄金》后，相信你一定有话要对书中人物说。请在（　）填入适当的句子，完成这封给（　）的信吧！

（　　　　）你好：

我觉得你是一个（　　　　　）的人。对于（　　　　　），我感到（　　　　　），因为（　　　　　）。如果换成是我，我一定（　　　　　）。最后，希望你（　　　　　）。敬祝

（　　　　）

（　　　　）敬上

丰收满满

★写出读过这本书后，你的阅读随想或收获。（可以用条列式的，逐项写出。）

老爷爷无怨无悔地帮忙清理环境，让我非常感动。将来，我也要像老爷爷一样，做个爱护环境的小尖兵。

我会写阅读札记

美好脚印

★阅读小档案

阅读日期：（　）年（　）月（　）日

书　名：没人捡的黄金

作　者：文/叶雅琪　图/高玉菁

出版社：朝华出版社

精彩点击

★写出这本书里，你最喜欢的文字内容。

对我来说，老爷爷就像是环保服务队的精神领袖。有了他，让我觉得更有动力去维护社区的整洁。

图书在版编目（CIP）数据

美德新干线．11，没人捡的黄金 / 叶雅琪文；老土猫图．—北京：西苑出版社，2012.8

ISBN 978-7-5151-0249-8

Ⅰ．①美… Ⅱ．①叶… ②老… Ⅲ．①品德教育—儿童读物 Ⅳ．① G611

中国版本图书馆 CIP 数据核字（2012）第 163926 号

美德新干线（11）没人捡的黄金

作　　者　叶雅琪
插　　画　老土猫
出版发行　西苑出版社
通讯地址　北京市海淀区阜石路15号　　邮政编码：100143
电　　话　010-88636339
传　　真　010-88637287
网　　址　www.xiyuanpublishinghouse.com
印　　刷　北京楠萍印刷有限公司
经　　销　全国新华书店
开　　本　787mm × 1092mm　1/16
字　　数　25千字
印　　张　6.5
版　　次　2012年8月第1版
印　　次　2012年8月第1次印刷
书　　号　ISBN 978-7-5151-0249-8
定　　价　19.80元
